TRAUMBAUM

Peter Heinl

TRAUMBAUM

THINKAEON

Copyright © Peter Heinl, 2017

Thinkaeon®

Thinkclinic® Publications

Thinkclinic® Limited

32 Muschamp Road

GB London SE15 4EF

ISBN 978-0-9935802-9-1

Der Autor/Verlag dankt für das Respektieren des folgenden Hinweises: Alle Rechte vorbehalten. Der Nachdruck ist, auch auszugsweise, nicht gestattet. Kein Teil dieses Werkes darf ohne schriftliche Einwilligung des Autors/Verlags in irgendeiner Form (Fotokopie, Mikrofilm, Digital, Audio, TV oder irgendeinem anderen Verfahren) – auch nicht für Zwecke der Unterrichtsgestaltung – reproduziert oder unter Verwendung elektronischer Systeme verarbeitet, vervielfältigt oder verbreitet werden.

www.thinkclinic.com

drpheinl@btinternet.com

Twitter: @DrPeterHeinl und @Thinkclinic

Facebook: peter.thinkclinic und thinkclinic

LinkedIn: Peter Heinl

Xing: Peter Heinl

Gestaltung und Umsetzung: uwe kohlhammer

Umschlagabbildung: Peter Heinl

Heinrich Mauermayer

zum Gedächtnis

Ich bin zu Hause zwischen Tag und Traum

Rainer Maria Rilke

INHALT

Vorwort 11

Böhmischer Traum 17

Babylonische Andacht 27

Blätter im Traumwind 45

Traumtrunkene Zeit 51

Traumnetze 55

Dank 57

Bücher
von Hildegund Heinl und Peter Heinl 59

VORWORT

Als ich im Frühjahr dieses Jahres während eines Spaziergangs durch einen wunderschönen Park an einen Wassergraben kam, der sich am Rand des Parks hinzog, faszinierte mich die durch einen leichten Frühlingswind von winzigen Wellenmustern überzogene Wasseroberfläche, die durch das auf sie fallende Licht einen bläulich-silbernen, metallischen Glanz erhielt. Da mir zudem auffiel, dass sich ein auf der anderen Seite des Grabens befindlicher, großer, mit saftigen grünen Blättern gesegneter Baum in dem Wassergraben widerspiegelte, entschied ich mich, diese Kombination von im Frühlingslicht schimmernder Wasseroberfläche und sich in ihr spiegelndem Baum mithilfe einer kleinen Kamera festzuhalten, ohne, wie so oft, mit dem Festhalten dieses Bildes einen bestimmten Zweck oder gar Sinn zu verbinden; außer vielleicht dem, dass dieses Bild eine Reverenz vor dem wundersamen Phänomen des Lichts darstellte, ohne das dieses Bild, d.h. Foto – ein Begriff, der das griechische Wort für Licht beinhaltet –, nicht hätte verwirklicht werden können.

Als sich einige Wochen später meine Gedanken der Frage zuwandten, welchen Titel ich der in diesem Buch enthaltenen Sammlung von Gedichten widmen sollte, schoben sich die Begriffe Traum und Baum in den Vordergrund der Betrachtungen, wobei diese zunächst auf voneinander unabhängigen Bahnen durch die Landschaft der Gedanken kreisten, bis sie von einer der herausragenden Eigenschaften der deutschen Sprache, nämlich der bewundernswerten

Fähigkeit der Verschmelzung einzelner Begriffe, kurzerhand Gebrauch machten – was zu dem Titel *Traumbaum* führte.

Das Schaffen des Begriffs *Traumbaum* lenkte meine Aufmerksamkeit wieder auf das oben beschriebene Foto, da sich in ihm ein Baum widerspiegelte, auch wenn auf diesem Foto der obere Teil der Baumkrone fehlte.

Ich nahm diesen Umstand zunächst ohne weitere Bedenken zur Kenntnis und wandte mich der Aufgabe zu, das auf der Kamera festgehaltene Foto aus seinem Versteck hervorzulocken, um es dazu zu bewegen, sich meinem Laptop anzuvertrauen und sich dem Manuskripttext als Titelbild zur Verfügung zu stellen. Zwar gelang es mir, das Foto in den Laptop einzuschleusen. Aber als wollte mir das Foto zu verstehen geben, dass es nur widerwillig sein behagliches Gehäuse in der Kamera verlassen hatte, musste ich, als das Foto auf der ersten Seite des digitalen Manuskripttexts erschien, feststellen, dass es auf dem Kopf stand.

So sehr mich dies verwunderte, so war ich bei näherem Besehen nicht minder darüber verwundert, dass das auf den Kopf gestellte Foto die Illusion erzeugte, als stelle das Foto nicht einen im Wasser sich spiegelnden Baum mit einer abgeschnittenen Krone dar, sondern als zeige es einen aufrecht stehenden, in die Höhe ragenden Baum mit einer mächtigen Krone, da der im Wasser sich spiegelnde, abgeschnittene Teil der Baumkrone mit dem gegenüberliegenden Rand des Wassergrabens zu einer überragenden Baumkrone zu verschmelzen schien.

Da Gedichte oft genug die geheimnisvolle Eigenheit aufweisen, mäanderartig und kunstvoll durch allerlei Schichten von Wirklichkeiten, Spiegelungen von Wirklichkeiten und das Reich neuer Wirklichkeiten zu ziehen, schien es mir angemessen, das vorliegende Coverbild, das auf dem beschriebenen, denkwürdigen Weg entstanden war, diesem Gedichtband voranzustellen, in der Hoffnung, dass dieses Bild und die im *Traumbaum* enthaltenen Texte Leserinnen und Leser auf der Reise durch Wirklichkeiten und Träume und deren unerschöpflich fantasievolle Spiegelungen begleiten möge.

Peter Heinl   Sommer 2017

BÖHMISCHER TRAUM

Böhmischer Weise

rubinrote Klänge

ziehen mich leise

in ferner Träume Gesänge

Es ist so fern und doch so nah

der Atem ferner Stätten.

Gold, das in den Himmel sah,

und Wind aus warmen Hörnern von Motetten

Der Honig längst vergangner Stunden,

der Raub der Zeit.

Und dann, aus unfassbaren Munden,

Forellen, blinkend Ewigkeit

So siehst du in dem Glase

den Hauch der Hügel sich verwehn

und in einer hoffnungsvollen Vase

das Land in seinem Sommer stehn

Klänge weiten die Arme

tief in dein Herz.

Manchmal spürst du den Atem: Erbarme

dich, Seele, im Schmerz

Trompeten wilder Bäche

durchströmen Feld und Sinn.

Und manchmal ist's, als lächle

der große Tod mit Augen aus Rubin

Doch du bist nur ein Teil

der Bögen blauer Brücken,

geweiht von Heiligen, die steil

Gebete in den Himmel schicken

Es sind Töne aus Leben

und Dolden von Melancholie,

die Nächten schimmernde Sterne geben

und den Blick in das Nie

Nachts wacht die Uhr

im mächtigen Dom,

zuweilen in Moll, zuweilen in Dur,

verliert sich im ewigen Strom

Leise flüstern die Gassen

ihr eigenes Leid.

Doch wächst auf umschichteten Trassen

neuer Honig, ein neuer Sinn, der verzeiht

Hastig schrauben die Falken

sich hoch in den Wind,

fliehend vor all den Gewalten,

die zittern im Kind

Wer möchte entbehren

die Anmut stolzer Paläste?

Wer möchte nicht neue Hoffnung gewähren

im Turmbau versöhnlicher Geste?

Wer möchte nicht trösten

die Wehmut der Kerzen

selbst im erlösten

Kreuzgang der Schmerzen?

Folgt nicht, wer Neues schuf,

dem hurtigen Wagen,

dem schicksalsbeschlagenen Huf,

der Weisheit der Sagen?

So steigen

aus Kränzen alter Gesänge

die Perlen in schmuckvolles Zeigen

goldner Gepränge

Türme erheben

sich leuchtend im Glanz.

Segen schweben ins Leben.

So wächst der Glaube: „Tanz!"

Bilder steigen

in goldener Ähren Felder,

begleiten die Geigen

durch die Schwermut der Wälder

So stehst du

im Sternbild der Zeit.

Sie lächelt dir zu,

vom Segen der Träume geweiht

Spiegelt im böhmischen Glase

sich Hoffnung, Passion?

Gewährt dir die kostbare Vase

die Gnade des Friedens, suchender Sohn?

BABYLONISCHE ANDACHT

Warst du allein

im Dunkel der Nacht,

geboren im flackernden Schein,

in unbegreiflicher Ferne erdacht?

Warst du die Krönung der Stunde

inmitten zitternder Kerzen,

mit blutender Wunde

verurteilt zu Schmerzen?

Warst du die Hoffnung der Wüste,

die Augen im Perlsand des Nichts?

Warst du der Atem, der Monde begrüßte

im Lächeln des Lichts?

Warst du die Sehnsucht der Kähne,

schwankend beladen, der Leuchtturm

irrender Schwäne

im sprachlosen Sturm?

Warst du die Wehmut der Felder,

der Ähren im Kornblau des Bluts,

das Klagen der Wälder

im Schweigen sterbenden Guts?

Warst du das Zepter der Pracht,

das schweigende Tor,

Akazien, schwebend und sacht

und weiß im Dekor?

Warst du die Straßen,

die Augen der Falken,

die Büffel, die grasen

in Sünde auf brennenden Balken?

Warst du die Frage,

Orakel der lockenden Ferne,

der Widder jagend die Klage,

berauschend wie schimmernde Sterne?

Warst du die Kette der silbernen Spangen,

die Großmut der Bären,

tanzend auf rosenduftenden Wangen

in schlafenden Ähren?

Warst du das schwankende Floß,

die Lasten der Jahre?

Die Suche im samtenen Moos

mit mahnenden Stimmen: „Löse die Taue und fahre?"

Warst du das Zepter am Horizont,

die Rüssel der Elefanten?

Es kauert schweigend der Mond

vor Worten, die sich erkannten

Warst du die Gabe,

Fragmente des Lichts?

Entreißt dir das Schicksal die Habe

im Urteil des Totengerichts?

Warst du die Träne,

die klagende Laute des Klangs?

Es bleibt nur die zitternde Strähne

im Herz des Gesangs

Warst du die Glocke,

das Kokos der Sucht,

der Atem der Flocke,

die bebende Woge der Wucht?

Warst du die Brücke,

das Suchen der Hand?

Malmt dich der Amboss in Stücke,

schutzlos, wie er dich fand?

Warst du das Schweigen,

Vermächtnis silberner Stufen?

Es tanzen die Segel im Reigen,

nicht hörend das Rufen

Warst du der silberne Glanz,

die Blüte im schimmernden Krug,

wo tanzen die Falter so ganz

im Leben, das niemand ertrug?

Warst du die Lähmung,

die stille Klage der Buchen?

Findet die Tragik Erwähnung,

wo Stumme sich suchen?

Warst du der Golfstrom

im Ozean der Nacht,

der Segen im Dom,

wo kein Lebender lacht?

Warst du die Fahne,

die Schmähung der Zeit,

die Rückkehr der Karawane

zur Oase der Ewigkeit?

Warst du das Kissen,

die Sänfte der bläulichen Tränen?

Treibt dich das Wissen

von Pyramiden und silbernen Schwänen?

Warst du Gesang,

rosenbesticktes Verzier?

Greifst du nach Erde, im wiegenden Gang

zum Grabstein des Wir?

Warst du die Wellen der Ferne,

Posaunen der Melancholie,

das Echo der Sterne?

Es gibt sie nur einmal und sonst vielleicht nie

Warst du der Garten,

die goldenen Farben?

Ermesse das Wagen zu warten,

die Wehmut brennender Narben

Warst du die Wiege

der Rosen im sterbenden Licht?

Es gibt sie, die blutigen Kriege,

die Flucht ins Gedicht

Warst du die Hörner der Widder,

die Sprünge der Krüge,

bedroht von Gewitter,

Taumel der Wahrheit, der Lüge?

Warst du das Zepter der Lilien,

die Stille der Buchten,

der Turm von Sizilien

und dunkle Zypressen an Schluchten?

Warst du das Kreisen

in Farben verblichener Karten,

die Hoffnung versunkener Reisen

in Strömen von Warten?

Warst du die Insel im tobenden Meer,

das Tauchen der Wale,

die flehende Hoffnung, trostlos und schwer,

Tropfen in silberner Schale?

Warst du das Kommen, das Gehen,

der orangene Duft ferner Zeiten,

das Füllhorn von rastlosem Sehen,

das sanfte Sich-Lösen und Gleiten?

Warst du die Uhr der begnadeten Stunde,

der Zeiger in dürstender Zeit,

der Balsam verzweifelter Wunde,

das Drehen im Kreis, sterbensbereit?

Warst du der Gral aller Sterne,

das nie vollendete Fest,

das Stöhnen aus Tropen der Ferne,

wo Gott den Toten das Beten erlässt?

Warst du die Krone des Glücks,

die Psalmen zu sehn,

der Schmerz des Zurücks,

die Sehnsucht zu gehn?

Warst du die Gnade des Lichts

im Schimmer der Krüge,

der Augen deines Gesichts,

ohne Furcht vor der Rüge?

Warst du die Hoffnung, die niemals vergeht,

der Chor der zarten Laterne,

die Sonne, die über dir steht,

das lautlose Flüstern: „Ich hab dich so gerne?"

BLÄTTER IM TRAUMWIND

Experimente

blendenden Nichts.

Ich werfe die Sprache

ins Lächeln des Lichts

Grazien

im fließenden Licht.

Odysseus

sucht sein Gesicht

Schwebende Hörner,

Gazellen der Nacht.

Goldene Körner

der Wehmut, doch sacht

Sprühende Zeiten,

Stürme im Mond.

Träume, die reiten

über den Horizont

Spuren,

Klangfiguren

drehen die Wunde,

Schicksalsstunde

Rosen verwehn.

Es mag ihnen gehn

wie Blättern, die schweigen,

bis sie sich erdwärts verneigen

Verirrt auf der Suche

nach vergeblichem Sinn,

nach der Frage im leinenen Tuche,

wer ich bin

Zweige selbstvergessnen Nichts.

Bebend fällt ein Stern

auf deiner Hände Blütenstaub.

Es ist so: „Glaub"

TRAUMTRUNKENE ZEIT

Lange Nächte geschwiegen,

auf lautlosen Spuren der Macht.

Auf stummen Sternen geblieben,

sprachlos erwacht

Kaum spürbar nähern deine Schritte

sich meinem spiegelnden Gewand.

Es ist als ritte

der Wind zu mir durch goldnen Sand

Bist du das Meer,

der Duft von stillen Tränen?

Die Fragen brennen sehr

und schütteln ihre Mähnen

Im Dunkel unverstandner Nächte

such ich den unbekannten Turm.

Es ist, als ob ich gar nichts dächte,

auch nicht an den großen Sturm

Ich sah der Blüten stilles Leid,

umspielt von zartem Wind.

Ich wusste, es ist Zeit,

bevor sie sich entsinnt

Gewähr mir eine Stunde,

den Klang verwehenden Gefühls.

Vielleicht behaucht es eine Wunde

im Meer des Zitterspiels

TRAUMNETZE

Verborgen die Netze im Licht,

doch weiß es der Bote nicht.

Barocke Fassaden

brauchen Masken, Paraden,

auf denen Reiter passieren,

mit goldenen Lanzen auf edlen Tieren,

vor staunenden Mengen,

die zum Schauspiel drängen,

doch niemals verstehen,

dass was sie sehen

nur Traumbilder sind,

wortlose Netze im Wind

Stilles Reifen,

schattenhaftes Spiel.

Die Suche nach Begreifen

im goldnen Kornfeld, ohne Ziel

DANK

Mein großer Dank gilt Susanne Kraft für die feinfühlige, nachdenkliche Achtsamkeit, die sie dem *Traumbaum* zukommen ließ, und Uwe Kohlhammer für sein Layout-Talent, den Textblättern die Illusion zu vermitteln, als zierten sie einen wirklichen *Traumbaum*.

BÜCHER VON HILDEGUND HEINL UND PETER HEINL

IM THINKAEON VERLAG

Neu erschienen als Buch und als EBook

UND WIEDER BLÜHEN DIE ROSEN

Mein Leben nach dem Schlaganfall

Erstmals erschienen bei Kösel, München, 2001

Heinl, H.: Thinkaeon, London, 2015 (Neuauflage)

Erhältlich über www.Amazon.de

„MAIKÄFER FLIEG,
DEIN VATER IST IM KRIEG ..."
Seelische Wunden aus der Kriegskindheit
Heinl, P.: Kösel, München, 1994, (8. Auflage)

Neu erschienen als Buch und als EBook

„MAIKÄFER FLIEG, DEIN VATER
IST IM KRIEG ..."
Seelische Wunden aus der Kriegskindheit
Erstmals erschienen bei Kösel, München, 1994
Heinl, P.: Thinkaeon, London, 2015
Erhältlich über www.Amazon.de

KÖRPERSCHMERZ-SEELENSCHMERZ

Die Psychosomatik des Bewegungssystems
Ein Leitfaden

Heinl, H. und Heinl. P.: Kösel, München 2004
(6. Auflage)

Neu erschienen als Buch und als EBook

KÖRPERSCHMERZ-SEELENSCHMERZ

Die Psychosomatik des Bewegungssystems
Ein Leitfaden

Erstmals erschienen bei Kösel, München, 2004

Heinl, H. und Heinl. P.: Thinkaeon, London, 2015
(Neuauflage)

Erhältlich über www.Amazon.de

Neu erschienen als Buch und als EBook

LICHT IN DEN OZEAN DES UNBEWUSSTEN

Vom intuitiven Denken zur Intuitiven Diagnostik
Ein Leitfaden in den Denkraum

Heinl, P.: Thinkaeon, London, 2014

Erhältlich über www.Amazon.de

Soon available

LIGHT INTO THE OCEAN OF THE UNCONSCIOUS

From Intuitive Thinking to Intuitive Diagnostics
A Path into the Realm of Thinking

Heinl, P.: Thinkaeon, London, 2017

Soon available via Amazon

Neu erschienen als Buch und als EBook

SPLINTERED INNOCENCE

An Intuitive Approach to Treating War Trauma

Erstmals erschienen bei Routledge, London-New York, 2001

Heinl, P.: Thinkaeon, London, 2015

Erhältlich über www.Amazon.de

Neu erschienen als Buch und als EBook

SCHLAFLOSER MOND

Im Labyrinth des Chronischen Erschöpfungssyndroms

Heinl, P.: Thinkaeon, London, 2016

Erhältlich über www.Amazon.de

Neu erschienen als Buch und als EBook
LAVATANZ
Worte im schwebenden Raum
Heinl, P.: Thinkaeon, London, 2016
Erhältlich über www.Amazon.de

Neu erschienen als Buch und als EBook
**ESTHER K.
GENANNT EMMA**
Eine Märchenfantasie
Heinl, P.: Thinkaeon, London, 2016
Erhältlich über www.Amazon.de

Neu erschienen als Buch und als EBook

LICHTSCHNEE

im Wortraum

Heinl, P.: Thinkaeon, London, 2016

Erhältlich über www.Amazon.de

Neu erschienen als Buch und als EBook

DIE TAGE AM WORTSEE

Roman

Heinl, P.: Thinkaeon, London, 2016

Erhältlich über www.Amazon.de

Neu erschienen als Buch und als EBook
VERSECIRCUS
Heinl, P.: Thinkaeon, London, 2016
Erhältlich über www.Amazon.de

Neu erschienen als Buch und als EBook
WEISSES MARIONETTENPFERDCHEN
Theaterspiel
Heinl, P.: Thinkaeon, London, 2017
Erhältlich über www.Amazon.de

Neu erschienen als Buch und als EBook
DIE TÜRME DER ERINNERUNG
Erzählung

Heinl, P.: Thinkaeon, London, 2017
Erhältlich über www.Amazon.de

Neu erschienen als Buch und als EBook
STUFENGESANG
Erzählung

Heinl, P.: Thinkaeon, London, 2017
Erhältlich über www.Amazon.de

Neu erschienen als Buch und als EBook
IM KÄFIG
Theaterstück
Heinl, P.: Thinkaeon, London, 2017
Erhältlich über www.Amazon.de

Neu erschienen als Buch und als EBook
TRAUMBAUM
Gedichte
Heinl, P.: Thinkaeon, London, 2017
Erhältlich über www.Amazon.de

www.ingramcontent.com/pod-product-compliance
Lightning Source LLC
Chambersburg PA
CBHW060839190426
43197CB00040B/2710